Schule Wengen

eine Dorfschule lebt

Mein Dank gehört:

dem Schulkommissionspräsidenten,
Arthur von Allmen, Lauterbrunnen,

den Kolleginnen und Kollegen in Wengen,
Ursula Leuthold, Ruedi Baltisberger, Liliane Steiner,
Ariane Wegmüller, Denise Steiner, Tosca Hodel, Ruth von
Allmen, Rosemarie Kiener, Andrea Gander, Lisa Hächler,

Daniel Herrmann, Stechelberg

den Schulkommissionsmitgliedern von Wengen,
Barbara Wyss und Karl Hiecke

den Kindern von Wengen

Beat Bucher

Schule Wengen

eine Dorfschule lebt

© Juni 2007 – Beat Bucher

Layout: Beat Bucher
erstellt mit: OpenOffice.org
Herstellung und Verlag: Book on Demand GmbH, Norderstedt

ISBN-13: 978-3-8334-9758-2

Bibliografische Information der Deutschen Bibliothek:
Die deutsche Bibliothek verzeichnet diese Publikation in der
Deutschen Nationalbibliografie; detaillierte bibliografische
Daten sind im Internet über <http://dnb.ddb.de> abrufbar.

Vorwort

Seit 2000 bin ich als Lehrer in Wengen an der Schule Wengen tätig. Ab 2001 bin ich zusätzlich Schulleiter und damit noch intensiver mit der Schule verbunden.

Für mich ist die Schule Wengen Teil meines Lebens, gegen eine Zerstörung wehre ich mich jetzt und in Zukunft! (Es gibt eine Grenze des Widerstandes, ich weiss, aber wie unser Schulkommissionspräsident sagte, es sind nicht finanzielle Gründe, die zur Schliessung von Klassen führen! Grund: Kinderlose Steuerpflichtige zahlen mehr Steuern als solche mit Kindern unter 18 Jahren. Bei gleich bleibender Zahl der Steuerpflichtigen wächst das Steueraufkommen mit der Abnahme der Kinderzahlen!)

Diese kleine Schrift wird offensichtlich eine Apologetik (Verteidigung) der familiären, kleinen Dorfschulen. Nützen wird sie nicht viel, denn der Kanton Bern will zentralisieren (nicht nur im Schulwesen) und versucht die Gemeinden dazu zu bringen, sich diesem Trend anzuschliessen.

Es kommt jetzt also auf die Gemeinde Lauterbrunnen an, ob und wie sie sich für die Erhaltung der Schule Wengen einsetzt.

Interessant ist es, wie schnell man sich bei den Mächtigen oder auch nur Möchtegern-Mächtigen unbeliebt macht: Wer seine eigene Meinung vertritt und nicht gleich kuscht ...

Wengen, das Dorf der Jungfrau, ein Dorf ohne Schule?

Diese Situation scheint mir undenkbar!

Wollen wir, der Kanton, die Bevölkerung des Tales, etc.
ein Museumsdorf aus Wengen machen, ein Tourismus-
resort ohne eigene Bevölkerung?

Wollen die Touristen an einem Ort Ferien machen, an dem
niemand lebt?

Wollen wir Wengen einfach aufgeben? Wengen?

Inhaltsverzeichnis

Im Hintergrund die Jungfrau. Ein kleiner Teil des Dorfes Wengen fotografiert von der reformierten Kirche aus.

Einer der schönsten Aussichtspunkte in Wengen ist neben der reformierten Kirche. Die Kirche selbst ist immer einen Besuch wert.

Das Umfeld

Das Dorf Wengen

Wengen ist ein Dorf im Berner Oberland das zur Gemeinde Lauterbrunnen gehört. Damit gehört es auch zum Tourismusverbund Jungfrauregion, zu dem auch das UNESCO Weltnaturerbe Jungfrau gehört.

Erreichbar ist das Dorf auf der Sonnenterrasse nur mit der Wengernalpbahn von Lauterbrunnen (oder von Grindelwald) aus, das Dorf selbst ist mehr oder weniger autofrei. Wengen hat normalerweise 1'100 Einwohner, in der winterlichen Hochsaison (Skifahren) aber mehr als 7'000, in der sommerlichen (Wandern, Bergsteigen) etwa 5'000 Bewohner.

Wengen ist das Dorf der Jungfrau und das Dorf des Lauberhornrennens. Wengen besitzt eine schöne reformierte Kirche, Baujahr 1953, die unter Denkmalschutz steht. Neben der reformierten hat Wengen auch eine englische und eine römisch-katholische Kirche.

Die selbständige Schule wird in Wengen im Moment von ungefähr 82 Kindern besucht. 12 Lehrerinnen und Lehrer (davon etwa ein Drittel im Vollamt) arbeiten mit diesen Kindern. Die Schule umfasst den Kindergarten, die 1./2. Klasse, die 3./4. Klasse, die 5./6. und die Realklasse, das 7.-9. Schuljahr. Immer mehr Kinder kommen aus Portugal, so dass auf dem Pausenplatz neben Deutsch (Berndeutsch) in erster Linie Portugiesisch zu hören ist.

Geschichte

Der Ort Wengen wurde im Jahre 1268 erstmals als "uf Wengen" erwähnt. Die Herkunft des Namens ist nicht sicher zu bestimmen, es könnte sich um Wangen (Berghang wie eine Wange) oder Wengen (wässrige Wiesen) handeln. Seit Jahrhunderten bekannt und bewundert wird das Kriegsloch, das angeblich anzeigt, ob bald ein Krieg ausbrechen wird.

Die ersten "Touristen" kamen im 18. Jahrhundert auf der Durchreise von Lauterbrunnen über die Wengernalp und die Kleine Scheidegg nach Grindelwald am Bergdorf Wengen vorbei. 1859 wurde in Innerwengen ein erstes Gasthaus eröffnet. In den 1890er Jahren wurde die Bahn auf die Wengernalp gebaut, damals das modernste Verkehrsmittel, und heute noch das einzige!

Im Zweiten Weltkrieg waren in Wengen englische und amerikanische internierte Flieger untergebracht.

In den letzten Jahren setzte eine überaus rege Bautätigkeit ein. Der grösste Teil der entstandenen Eigentums-wohnungen wurde und wird an Engländer und Holländer verkauft. Die zu erzielenden Preise machen es nun unter Anderem beinahe unmöglich, dass Einheimische Wohn-eigentum erwerben können.

Lawinen

Im Lawinenwinter 1999 kamen im Café Oberland zwei Personen ums Leben. Die Bewohner der gefährdenden Häuser wurden evakuiert, die Schule fiel für eine Woche aus, und die Wengernalpbahn musste den Betrieb einen Tag lang einstellen.

Anfangs Februar 2003 stellte sich die Situation ähnlich dar wie 1999. Die Lawinenkommission sperrte einzelne Strassen und Hänge, traf sich täglich mit den Experten und entschied Tag für Tag, was offen blieb, was geschlossen werden musste. Die Lage entspannte sich nach ein paar Tagen, Schäden gab es an Bahngeleisen und am Wald.

Erdrutsche

In der Woche vom 22. August 2005 fiel eine enorme Menge Wasser vom Himmel. Wengen selbst wurde durch zwei kleinere Erdrutsche kaum in Mitleidenschaft gezogen, allerdings fiel der Strom für 2 Tage aus, und sowohl Festnetz- wie auch Mobiltelefonie funktionierte nicht mehr, was für die Katastrophenorganisation eine enorme zusätzliche Herausforderung war. Damit war Wengen von der Umwelt komplett abgeschnitten. (Eine Helikopter-brücke wurde eingerichtet, um in erster Linie Touristen auszufliegen.) Das grosse Hochwasser 2005 zerstörte den Talboden Richtung Interlaken.

Wintersport

Mit der Wengernalpbahn fährt man zu den Skipisten der Allmend, der Wengernalp und der Kleinen Scheidegg. Mit der Luftseilbahn Wengen-Männlichen fährt man auf den Männlichen, von wo aus man die Pisten nach Grindelwald und der Kleinen Scheidegg erreicht. Meistens kann man sowohl bis ins Dorf Grindelwald, wie auch ins Dorf Wengen mit den Skis zurückfahren. Ausserdem findet alljährlich das berühmte Lauberhornrennen statt. Sowohl Männlichen als auch Kleine Scheidegg sind zu Fuss zu erreichen, wobei beim Bergsteigen auf Männlichen völlig unerwartet Nebelschwaden hochziehen können, die die Sicht auf Null reduzieren. Auf dem schmalen und steilen Pfad sollte man nicht in Panik geraten. Die Wanderroute zu der Kleinen Scheidegg ist einfacher zu bewältigen und meistens sogar im Winter problemlos zu begehen.

Politik

Wengen gehört zusammen mit Mürren, Isenfluh, Gimmelwald, Stechelberg und Lauterbrunnen zur politischen Gemeinde Lauterbrunnen. Auch die Kirchgemeinde umfasst die gesamte Talschaft. Dennoch ist Wengen in vielen Belangen (Schule, Feuerwehr, etc.) selbständig geblieben, unter anderem bedingt durch die nur über die Bahn mögliche Verbindung mit dem Hauptort des Tales, Lauterbrunnen. Momentan kommt der Gemeindepräsident und die Kirchgemeindepräsidentin der ganzen Talschaft aus Lauterbrunnen.

Arbeit

In Wengen arbeiten Menschen aus den verschiedensten
Ländern der Welt. Der Grossteil arbeitet in der Winter- und
der Sommersaison natürlich im Gastgewerbe. Neben dem
Gastgewerbe sind Jungfraubahn und Elektrizitätswerk
Lauterbrunnen die grössten Arbeitgeber. Weitere
Arbeitgeber sind: Gemeinde (Verwaltung, Schule, Strassen,
Forst, etc.), Baugeschäfte, Schreinereien, Spenglereien,
Coiffeure, etc.

Kulturelles

Jeweils in der Hochsaison (Sommer und Winter) finden
verschiedenste kulturelle Veranstaltungen in Wengen statt:
In der evangelisch-reformierten Kirche Orchesterkonzerte
(Kammerorchester), Orgelabende und Chorkonzerte; im
Zelt auf der Eisbahn Blasmusikkonzerte und Gäste-
unterhaltungen (mit Chören, Treichler, Jodlergruppe und
Blasmusik).

Vereinsleben

In den Berggebieten der Schweiz haben sich viele Vereine
etabliert. In Wengen sind aktiv: ein Frauenverein, ein
Trychlerclub, eine Musikgesellschaft, ein Männerchor, der
seit 2007 seine Tätigkeiten eingestellt hat, eine Volks-
tanzgruppe, ein Jodlerclub, der Kinder- und Jugendverein,
der Bibliotheksverein, ein Hockeyclub, ein Skiclub, der
2004 sein 100jähriges Jubiläum feierte, der DHO
(Downhill only, ein englischer Skiclub), der Touris-
musverein...

Mendelssohn Musikwoche

Vom 20. - 27. August 2005 fand die erste Mendelssohn Musikwoche in Wengen statt. Nach der Einweihung des Mendelssohn Denkmals mit anschliessendem Konzert am 4. August 2004 wurde beschlossen, jedes Jahr im August eine Musikwoche, die Felix Mendelssohn Bartholdy gewidmet ist, durchzuführen.

An der Mendelssohn Musikwoche 2007 wird auch die Schule Wengen mitmachen.

Jungfrau-Marathon

Wengen ist jeden September ein Höhepunkt beim Jungfrau-Marathon, wo viele Zuschauer die etwa 4000 Teilnehmerinnen und Teilnehmer des Jungfrau-Marathons anfeuern.

... eine ehemalige Lehrerin der Schule Wengen

Der Kanton Bern

Der Kanton Bern erstreckt sich vom Jura über das Schweizerische Mittelland bis in die Alpen. Im Norden grenzt er an die Kantone Jura, Solothurn und Aargau, im Westen an Neuenburg, Waadt und Fribourg, im Osten an Luzern, Nidwalden, Obwalden und Uri und im Süden an den Kanton Wallis. Flächenmässig (nach Graubünden) und bevölkerungsmässig (nach Zürich) ist Bern der zweitgrösste Kanton der Schweiz. Die deutsche und die französische Sprache sind die bernischen Landes- und Amtssprachen.

Im Süden des Kantons liegt das Berner Oberland, das im Osten aus dem Haslital, Brienzersee, Thunersee und dem Jungfraugebiet besteht, im Westen aus den Regionen Saanenland, Simmental, Frutigland und Lötschberg.

Das Wappen des Kantons Bern. (Moderne Fassung von 1974)

Da es sich beim Kanton Bern um einen souveränen Staat handelt – wir Berner sprechen öfter vom Staat Bern als vom Kanton Bern, trägt das Wappen die Krone als Zeichen der Souveränität.

Die Schweiz

Die Schweiz versteht sich selber als «Willensnation» – ihre Bevölkerung bildet weder sprachlich noch konfessionell eine Einheit. Der nationale Zusammenhalt basiert unter anderem auf der gemeinsamen Geschichte, den gemeinsamen Mythen, gemeinsamen politischen Grundhaltungen (Föderalismus, starke Volksrechte, Neutralität), der Geographie, und ihrer Kleinheit.

Anfangs des letzten Jahrhunderts war die Schweiz ein klassisches Auswanderungsland, seit der Überwindung der allgemeinen Armut ist die Schweiz zu einem der beliebtesten Einwanderungsländer mutiert. Zu dieser erfreulichen Entwicklung hat der Stellenwert der Bildung stark beigetragen. Ohne Rohstoffe ist die Schweizer Wirtschaft auf hervorragend ausgebildete Berufsleute angewiesen.

Die Eidgenossenschaft existiert als loser Staatenbund schon seit dem 13. Jahrhundert; einem Nationalmythos zufolge wurde sie am 1. August 1291 auf der Rütli-Wiese gegründet. Der 1. August ist deshalb der Nationalfeiertag. Die Schweiz in ihrer heutigen Form als föderalistischer Bundesstaat wurde mit der Bundesverfassung von 1848 geschaffen. Sie gliedert sich seit 1978 in 26 Kantone.

Die ständige Wohnbevölkerung beträgt 7.48 Millionen Menschen, davon sind 20.6 % Ausländer. Offizielle Landessprachen sind Deutsch, Französisch, Italienisch und Rätoromanisch. 41 % der Schweizer Bürger sind römisch-katholisch und 40% sind evangelisch-reformiert.

Vorschriften, Gesetze und Reglemente

Für die Schule ist der kantonale Lehrplan (1995 mit Ergänzungen von 2007) die hauptsächliche Rechtsquelle. Er definiert auf der einen Seite die Inhalte des Unterrichts und auf der anderen die Voraussetzungen für die Organisation des Unterrichts.

Auf Bundesebene ist es die Verfassung, die in Art. 62 Abs. 1 sagt: „Für das Schulwesen sind die Kantone zuständig."

Im Kanton Bern ist es das Volksschulgesetz (VSG) vom 19.3.1992 mit den Änderungen bis 14.12.2004, die Volksschulverordnung (VSV) vom 4.8.1993 mit den Änderungen bis 15.6.2005 und die Direktionsverordnung über die Schullaufbahnentscheide (DVBS) vom 7.5.2002 mit den Änderungen vom 28.5.2004.

Auf Gemeindeebene haben wir das Schulreglement vom 1.7.1996.

Das Schulhaus Wengen nach dem Einbau der Feuer-
wehrgaragen, Veloständer und Glasdach für den Pausen-
unterstand.

Die Rückseite des Schulhauses... ein Zweckbau

Die Schule

Geschichte der Schulen im Lauterbrunnental

Mit der Landschulordnung von 1675 begann im Lauterbrunnental der regelmässige Unterricht, der sich vorher auf
gelegentlichen Unterricht des Pfarrers und der Eltern
beschränkte. Die Landschulordnung von 1675 schrieb die
Errichtung von Schulen in allen Kirchhören vor und wies
die Amtsleute und Gemeindevorgesetzten an, die armen
Schulkinder mit Büchern, Nahrung und Kleidung zu
versehen.

1783 gab es drei Schulbezirke in der Gemeinde
Lauterbrunnen und einen in Isenfluh. 1. Lauterbrunnen-
Grund, 2.Wengen, 3. Mürren-Gimmelwald. In Mürren und
in Gimmelwald wurde jeweils abwechslungsweise je eine
Woche Schule gehalten. 1789 trennte sich die Schule
Mürren-Gimmelwald auf, so dass zwei Schulen entstanden.

Laut der Stapferschen Schulenquete von 1799 ging es im
Lauterbrunnental wie folgt zu und her:
In den verschiedenen Schulbezirken (Isenfluh, Lauter-
brunnen-Grund, Wengen, Mürren, Gimmelwald) wurde in
jeweils einem Klassenzimmer (im Hause des Lehrers) von
einem Lehrer (Gesamtschule) unterrichtet. Die Fächer
waren: Lesen, Buchstabieren, Schreiben (Geschriebenes
lesen), Singen, Religion, Auswendiglernen.

Schülerzahlen 1799

Isenfluh	15
Lauterbrunnen-Grund	60
Wengen	50
Mürren	23
Gimmelwald	20

In der Zeit von 1871-1914 wurden in allen fünf Schulbezirken Schulhäuser gebaut.

Im März 1899 wurde die zweiteilige Sekundarschule Lauterbrunnen gegründet. 1911 wurde sie dreiteilig.

In dieser Zeit hatte die Schule Wengen um die 80 Schüler ohne die Sekundarschüler.

Im Mai 1927 wurde die Sekundarschule aufgeteilt in zwei zweiteilige Sekundarschulen in Lauterbrunnen und in Wengen

Schülerzahlen 1938/39

Isenfluh	10 (1 Klasse)
Lauterbrunnen	93 (4 Klassen)
Stechelberg	68 (2 Klassen)
Wengen	112 (3 Klassen)
Mürren	46 (2 Klassen)
Gimmelwald	31 (2 Klassen)

Schülerzahlen 1947/48
Isenfluh	5 (1 Klasse)
Lauterbrunnen	106 (4 Klassen)
Stechelberg	44 (2 Klassen)
Wengen	100 (3 Klassen)
Mürren	43 (2 Klassen)
Gimmelwald	20 (1 Klasse)

Schülerzahlen 1954 (nach Christian Rubi, 1954)
Lauterbrunnen	130 (6 Klassen)
Stechelberg	45 (2 Klassen)
Wengen	145 (6 Klassen)
Mürren	45 (2 Klassen)
Gimmelwald	20 (1 Klasse)

Rubi gibt dazu folgende Zahlen an:
Lauterbrunnen	925 Einwohner (300 Stimmberechtigte)
Stechelberg	345 Einwohner (126 Stimmberechtigte)
Wengen	1012 Einwohner (330 Stimmberechtigte)
Mürren	335 Einwohner (112 Stimmberechtigte)
Gimmelwald	190 Einwohner (73 Stimmberechtigte)

1965 wurde in Wengen, 1970 in Mürren, 1971 in Lauterbrunnen und 1977 in Stechelberg je ein neues Schulhaus gebaut.

Nachdem die Schulhäuser fertiggestellt waren, meldeten sich die Kindergartenvereine, die auch Platz benötigten. Dieser Platz konnte geschaffen werden, und die Gemeinde übernahm gleichzeitig die Löhne der Kindergärtnerinnen.

1972 wurde in Lauterbrunnen die Kleinklasse eröffnet.

1996 wurde die Sekundarschule Wengen gegen den Widerstand der Wengener (mit dem Versprechen, die Realschule bleibe dafür in Wengen) geschlossen.

2001/02 wurde die Schule Wengen umgestellt auf "geleitete Schule".

2005 wurde infolge sinkender Schülerzahlen die Schule Lauterbrunnen-Süd reorganisiert. Dabei wurde darauf geschaut, dass keine der bis anhin vollständigen Schulen geschlossen werden musste:
- Kindergarten plus 1./2. Klasse plus 3./4. Klasse in Mürren
- 5./6. Klasse in Stechelberg
- 7.-9. Klasse in Gimmelwald

2006 kam vom Schulinspektorat die Meldung, dass es so nicht mehr weitergehe, und dass in allernächster Zukunft eine Gesamtlösung für das Lauterbrunnental (die Gemeinde Lauterbrunnen) gefunden werden müsse. An einer Aussprache mit dem Schulinspektor, einem Vertreter des Kantons, dem Schulkommissionspräsidenten von Lauterbrunnen und den drei Schulleitern (Lauterbrunnen, Lauterbrunnen-Süd, Wengen) wurde beschlossen, auf das Schuljahr 2008/2009 hin die Schulen von Lauterbrunnen zu reorganisieren. Die Ausgestaltung ist noch offen, oder sollte es zumindest sein!

Schülerzahlen 2006/07 (inkl. Kindergarten)

Isenfluh	in Lauterbrunnen
Lauterbrunnen	89 (5 Klassen)
	42 (2 Klassen Sek)
Wengen	82 (5 Klassen)
Stechelberg	13 (1 Klasse)
	(2 aus Mürren, 3 aus Gimmelwald)
Mürren	34 (3 Klassen)
	(12 aus Stechelberg, 6 aus Gimmelwald)
Gimmelwald	11 (1 Klasse)
	(2 aus Mürren, 6 aus Stechelberg)

Die Entwicklung der Schule Wengen

Die Schule Wengen entwickelt sich in den letzten Jahren nach dem grossen Lawinenwinter 1999/2000 in Richtung einer geleiteten Schule mit eigenem Profil. Bei der Neuwahl von Lehrkräften wird vermehrt darauf geachtet, dass sie sowohl zum Profil, wie auch zum Lehrerkollegium passen.

Grundsätze

Zuerst einmal wurden ein paar Grundsätze gefasst, erzwungen aus leidvoller Erfahrung mit ein paar wenigen Störenfrieden in den Schulklassen.

Diese Grundsätze gehören zum Thema Zivilcourage und sind:

- *Wir (Schüler und Lehrer) schauen nicht vorbei, sondern wir schauen hin!*
- *Wir (Schüler und Lehrer) greifen ein, wenn etwas geschieht, was wir als nicht richtig erkennen.*
- *Wir (Schüler und Lehrer) stehen dazu, wenn wir einen Fehler gemacht haben, und bringen die Sache wieder in Ordnung.*
- *Wir (Schüler und Lehrer) setzen uns dafür ein, dass ein Zusammenleben von den Kleinsten bis zu den Grössten möglich ist.*

Ressourcen

In einem zweiten Schritt stellten wir die personellen Ressourcen zusammen und definierten das, was wir damit machen wollen und können:

1. Der Wengen spezifische „Lehrplan"
2. Das Wahlfachangebot der Schule Wengen.
3. Die Projekte der Schule Wengen

Seit 2001 steht ein Rahmenwahlfachangebot mit dem Schwerpunkt Musik und Informatik. Angeboten werden Wahlfachkurse (Angebot der Schule) wie: Informatik Arbeitsgruppe*, Flöten für Anfänger, Anfänger II und Fortgeschrittene, Streichinstrument / Orffsches Instrumentarium, Werken, Sport. Dazu kommen in Zusammenarbeit mit der Musikschule Berner Oberland, Klavierstunden. (Der Kinder- und Jugendverein organisiert Englischstunden für Primarschüler) und für die Jüngsten (vor dem Kindergarten) leitet eine Lehrerin der Schule Wengen eine Spielgruppe.

Der Wengen spezifische Lehrplan: „Was ein Schüler von Wengen kann", bietet eine der Grundlagen des Unterrichts. Er wird immer wieder überprüft und aktualisiert, und dient dazu, einen Teil der Qualität der Schule zu messen.

* ab 2007/08 gestrichen

Weiterbildung der Lehrerschaft

Ein wichtiges Element der Qualitätssicherung der Schule Wengen sind die regelmässigen Weiterbildungsveranstaltungen der Lehrerschaft. Teilweise finden sie innerhalb des Schulhauses, teilweise innerhalb der Talschaft statt. In letzter Zeit befassten wir uns mit Mediendidaktik, Individualisieren, Didaktik allgemein, Informationstechnologien, Hochbegabung und den Gletschern im hinteren Lauterbrunnental.

Daneben besuchen unsere Lehrerinnen und Lehrer Kurse der kantonalen, ausserkantonalen und schweizerischen Lehrerfortbildung. Diese Kurse wiederum geben Anlass zu einem kurzen Bericht an die heimische Lehrerschaft.

... auch schon mal auf dem Männlichen

Der Unterricht

Grundlage des Unterrichts bildet der Lehrplan mit seinen Ergänzungen und Änderungen. Die ständigen Änderungen werden zwar von einigen bedauert, mir scheint es aber eher so zu sein, dass diese Änderungen Gelegenheit und Ansporn bieten, den eigenen Unterricht immer wieder zu überdenken. Mühe damit haben oft die Eltern, die mit dem Argument kommen, aber zu meiner Zeit als Schüler hatten wir gar keinen Computer, und wir haben auch etwas Richtiges gelernt, wir hatten keine farbigen Bücher, wir hatten immer am Samstag Schule, etcetera, etcetera und pipapo!

Der Kantons Bern verlangt auch die Integration behinderter Kinder im Unterricht der Regelschule. Diesen Auftrag nehmen wir sehr ernst. Kinder, die hier in Wengen leben, sollen auch hier die Schule besuchen können! Dazu bildet sich die Lehrerschaft ständig weiter und erweitert ihre Kompetenzen in Bezug auf die Integration dieser Kinder.

Grenzen dieser Integration sehen wir da, wo wir trotz Hilfsmitteln, Ressourcen und allen Anstrengungen einem Kind nicht das bieten können, was spezialisierte Institution bieten können. Ein Beispiel: Ein Kind mit einem IQ (Intelligenzquotient) von 70 wird im BZI (Behindertenzentrum Interlaken) geschult. Der Autist, der unsere Schule momentan besucht, wird andererseits solange bei uns bleiben können, bis unsere Schule geschlossen, oder er seine obligatorische Schulzeit abgeschlossen haben wird.

Organisation des Unterrichts

Der Kindergarten beherbergt die 5- und 6- jährigen Kinder und wird geführt durch eine Kindergärtnerin. Die erste und zweite Klasse werden gemeinsam durch eine Lehrerin unterrichtet, genauso wie auch die dritte und vierte Klasse. Im Schuljahr 2007/08 wird die fünfte Klasse alleine unterrichtet, dafür die sechste bis neunte Klasse gemeinsam von einem Lehrerteam .

Im Schuljahr 2006/07 war die fünfte und sechste Klasse zusammen und die siebte bis neunte Klasse, im Schuljahr 2008/09 wird es wieder so sein. Mit dieser flexiblen Klassenaufteilung reagieren wir in Wengen auf die unterschiedlichen Schülerzahlen in einer Klasse.

Auch dieser Boden – unter dem Glasdach – wurde im Rahmen einer Projektwoche von den Schülern selber gestaltet.

Neue Medien im Unterricht

Die Internet-Plattform educanet2 bietet uns Gelegenheit, das Web in den Unterricht einzubauen. Auf der einen Seite sind das die Web-basierten Dienste wie E-Mail, Lernprogramme, Aufgabenbearbeitung, Chat, etc., auf der anderen die Arbeit mit Hilfe des Webs: Recherche und Publikation zu und von schulischen Inhalten.

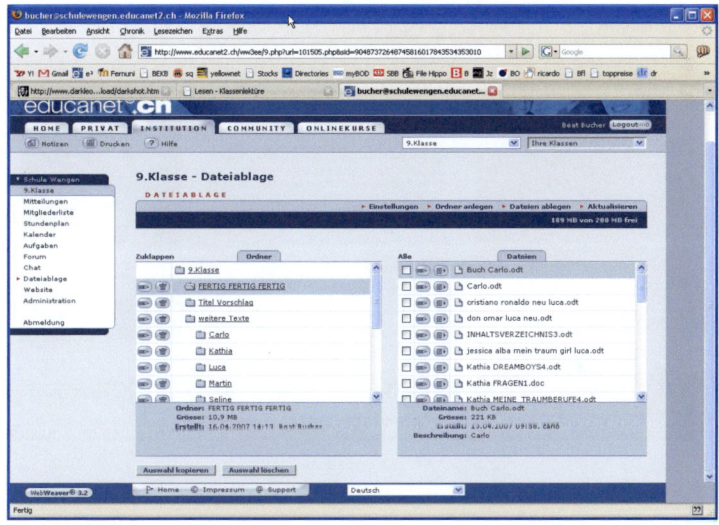

Auf dieser Seite haben wir das Buch der 9. Klasse gemeinsam vorbereitet.

Als Beispiel für eine andere, vom Lehrer vorgegebene Arbeit gelte die Seite zur Klassenlektüre der Realklasse:

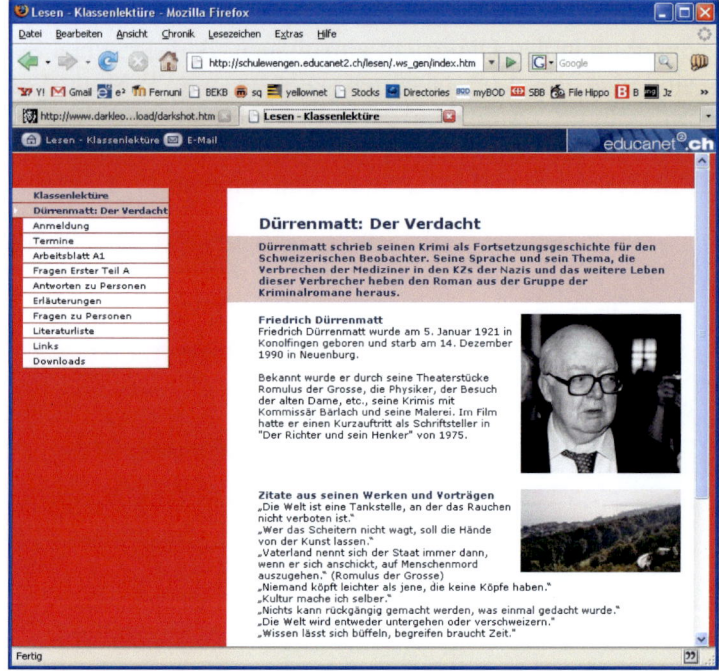

Die Seite, die natürlich nach jedem Arbeitsschritt leicht angepasst wird, ist unter folgender Adresse zu erreichen:

http://schulewengen.educanet2.ch/lesen/

WebQuests sind in. Wir haben schon lange damit gearbeitet. Ein Beispiel steht auf der Schulhomepage und hier:

Schwierigkeiten im Schulalltag

In Wengen ist die Bevölkerungsstruktur sehr vielfältig und interessant. Da gibt es Leute, die stolz auf ihre Kinder (3./4. Klasse) sind, weil diese selbständig arbeiten, während die Eltern in den Ferien sind, hier leben, kochen, die Schule besuchen, etc.

Andere beklagen sich über die Menge der Hausaufgaben, während andere der Meinung sind, es gäbe zu wenig davon.

Andere wiederum wollen schon in der zweiten Klasse wissen, was sie tun müssten, damit ihr Kind die Sekundarschule in Lauterbrunnen besuchen kann.

Der grösste Teil der Eltern unterstützt die Schule, was an Examen und anderen Schulanlässen und in den Gesprächen mit den Schülern jeweils recht deutlich zur Sprache kommt.

Herausfordernd und speziell ist Folgendes:

Eine Schülerin kommt in der Wintersaison und geht gegen deren Ende wieder nach Holland, wo sie ihre Schule bis zur Wintersaison besucht.

Am ersten Schultag steht eine Familie mit drei Kindern (Kindergarten, 4. Klasse, 7. Klasse) vor dem Büro des Schulleiters. Natürlich kann niemand deutsch!

Am 8. Januar steht eine Familie aus Portugal mit zwei Kindern (7. und 9. Klasse) vor mir. Deutsch?

Bezüglich Integration fremdländischer Kinder ist die Schule Wengen (wie andere auch) stark gefordert.

Religionsunterricht

Wir sind eine christliche Schule, nicht in Bezug auf auf ein irgendwie geartetes spezielles Schulleben oder Bekenntnis, sondern eine christliche Schule auf der Grundlage unserer Bundesverfassung.

Schwierigkeiten ergeben sich normalerweise aus der Bedeutung der christliche Feste. Hier haben wir momentan das Glück, dass alle unsere Schüler aus christlichen Elternhäusern stammen. Die Portugiesen, die den grössten Anteil fremder Nationalitäten ausmachen, sind meistens römisch-katholisch, die (ehemals) jugoslawischen Staatsangehörigen sind serbisch-orthodox, was zusammen mit den einheimischen Reformierten und Römisch-katholischen eine interessante Mischung ausmacht. Vor ein paar Jahren hatten wir noch Moslems in der Schule.

Christlich soll unsere Schule wirken, nicht unbedingt mit der Fahne in der Hand, sondern darin, wie wir miteinander umgehen. Gelebtes Christentum zeigt sich nicht in Worten sondern in Taten.

Schule Wengen als Terrassenschule

Wengen liegt auf einer Terrasse über dem Talboden von Lauterbrunnen. Die Besiedlungsgeschichte des Tales zeigt, dass zuerst die Terrassen (Mürren, Gimmelwald, Wengen), und erst viel später der Talboden (Stechelberg, Lauterbrunnen) bewohnt wurden. Die Gründe lagen bei der Sicherheit (Überschwemmungen im Talboden, Schlechte Erreichbarkeit für Obrigkeiten und Räuber).

Heute ist es so, dass Lauterbrunnen und Mürren an einer schleichenden Abwanderung leiden, während Wengen seine Bevölkerungszahl halten und sogar (Zuwanderung in letzter Zeit aus Portugal) erhöhen kann.

Die Bevölkerung von Wengen setzt sich zusammen aus den Einheimischen, den Angeheirateten, den Zugereisten und den Gastarbeitern. Während die Zugereisten aus aller Welt und allen Kantonen kommen, so kommen die Gastarbeiter seit ein paar Jahren in erster Linie aus Portugal.

Zugang / Erreichbarkeit

Verkehrstechnisch ist Wengen nur mit der Zahnradbahn erreichbar. Die erste Bahn fährt morgens um 5.30 Uhr von Wengen weg, die erste Bahn kommt um 6.24 Uhr in Wengen an. Die letzte Bahn fährt Nachts um 00.23 Uhr in Wengen ab, die letzte Bahn kommt um 00.04 Uhr (01.04 Uhr Sa und So) in Wengen an.

Wer Konzerte, Opern und andere Abendveranstaltungen besuchen will, kann nach Schluss der Veranstaltung oft nicht mehr nach Hause zurückkehren, es sei denn, er nehme den Aufstieg zu Fuss (ca. 1 Stunde) in Kauf. Dieser steile Aufstieg ist bei gutem Wetter und guten Wegbedingungen für sportliche Menschen problemlos möglich, in Abendkleidern und entsprechendem Schuhwerk allerdings nicht unbedingt zu empfehlen.

Wohnsituation

In der Saison (Winter und Sommer) sind auch die letzten Zimmer vermietet. Wer das ganze Jahr über etwas mieten will, findet im Frühling und im Herbst leicht eine angemessene Wohnung, allerdings sind die Mieten um einen Drittel höher als anderswo. Wohnungen, ja ganze Hotels werden in letzter Zeit vermehrt an reiche Holländer und Engländer verkauft, so dass es für Einheimische schwierig wird, etwas zu angemessenen Preisen zu finden. Verglichen mit dem Bödeli (Interlaken) bezahlt man zurzeit mindestens das anderthalb bis zweifache der Preise für Eigentumswohnungen.

Sprachen

In Wengen wird berndeutsch, englisch, italienisch und portugiesisch gesprochen. Von den Schulkindern sprechen bei Schuleintritt zwischen 10 bis 40 Prozent kein deutsch. Eine Förderkindergärtnerin erteilt deswegen das Fach Deutsch für Fremdsprachige im Kindergarten und eine Lehrerin in der 1.-9. Klasse der Volksschule.

Das grosse Problem sind allerdings kaum die Schüler; diese lernen recht schnell deutsch. Das grosse Problem sind die Eltern, die sich nicht bemühen, deutsch zu lernen. (Es gibt Ausnahmen, aber die sind an einer Hand abzuzählen!) Glücklicherweise sprechen drei Lehrkräfte der Schule Wengen italienisch, so dass eine minimale Verständigung mit den meisten Portugiesen möglich ist.

Momentan arbeiten wir an einem eigenen Lehrmittel für Immigranten, das uns hoffentlich etwas Erleichterung verschaffen wird.

Die Pausenhalle

Im Rahmen eine Projektwoche renoviert, selber gestrichen und mit Mosaiken versehen.

Kulturelle und gesellschaftliche Bedeutung unserer Dorfschule

Begegnungszentrum

Die Schule im Dorf, im kleinen Dorf, wie Wengen es darstellt ist auf der einen Seite Begegnungszentrum für Kinder, Jugendliche und Erwachsene und auf der anderen Seite Ort des Wissenserwerbs (Funktionen Schule und Bibliothek). Da die Schul- und die Dorfbibliothek räumlich und funktionell eine Einheit bilden, da schon im Kindergarten die Bibliothek als Ort des Wissens und der Freizeitgestaltung eingeführt und benutzt wird, da bis hinauf zur 9. Klasse die Schülerinnen und Schüler sich wöchentlich mindestens einmal in der Bibliothek aufhalten, erhält diese eine zentrale Bedeutung für das Dorf. Dazu kommt noch, dass Veranstaltungen wie Altersnachmittage, Brot für alle, Schülerkonzerte, etc. im Schulhaus stattfinden, und meistens die Bibliothek in diese Veranstaltungen einbezogen wird.

Lehrer sind Kulturvermittler und Kulturträger

Im normalen Schulalltag ist es die Lehrkraft, die die Kultur des Schreibens, des Gestaltens und des Musizierens vermittelt. Dies alles ist im Lehrplan festgeschrieben. In der Dorfschule ist es zudem so, dass kaum eine Lehrkraft von der Dorfgemeinschaft nicht ebenfalls eingespannt wird, sei es in der musikalischen Leitung von Chören, Dorfmusik und Musikgruppen, sei es in der Leitung oder dem Sekretariat von kulturellen Veranstaltungen, von Dorffesten, der Kirche, dem Altersheim, dem Jugendraum, etc.

Pflege des Brauchtums

In die Pflege des Brauchtums (Laternliumzug, Adventsmärit, Weihnachtsaufführung, Schulexamen, Dorfsonntag, Konzerte) ist die Schule direkt involviert. Für Gruppen und Vereine, wie die Musikgesellschaft, den Samariter-, den Frauenverein und den Männerchor bietet die Schule den Raum zur Übung und Ausübung des Vereinslebens.

Soziales Lernen

Die Kinder von Kindergarten bis 9. Klasse machen jeden Tag gemeinsam Pause, spielen miteinander, am Bräteltag in der ersten Schulwoche sind es die grossen, die für die kleinen Würste bräteln, mindestens einmal im Jahr findet eine Projektwoche statt, an der alle Schüler und Lehrer teilnehmen, das Examen mit seinen Vorbereitungen, das Weihnachtsfest in der Kirche, all dies vereint in Planung, Vorbereitung und Aufführung die ganze Schule, vom „kleinen" Kind bis zum Teenager, zum Jugendlichen.

Soziales Leben - Dienstleistungen für die Dorfgemeinschaft

Die Realschule (7.-9.Klasse) Wengen führt viermal im Jahr die Papiersammlung durch. Dabei gehen die Schüler zusammen mit dem Lehrer zu den Leuten, die das Altpapier nicht mehr selber zur Strasse (Altpapiersammlung mit Lastwagen) bringen können.

Die Realschule wird jedes Jahr beim Lauberhornrennen (Freitag, Samstag, Sonntag) eingespannt, um die Medienleute (Radio, Fernsehen und Zeitungen) mit den jeweils neusten Zwischenresultaten zu versehen. Wenn also am Fernsehen und Radio die Resultate verkündet werden, dann stehen auch hier die Schüler der Schule Wengen dahinter!

Sporadisch, das heisst auf Anfrage, helfen Realschüler alten und behinderten Leuten beim Einkaufen und beim Gang zum Arzt.

Die Schule beteiligt sich mit den älteren Schülern (ab 5. Klasse) an Aufräumarbeiten auf den Bergwiesen nach Lawinenabgängen.

Argumente für eine vollständige Dorfschule

Die Anfahrtswege für Schüler und Eltern sind kurz, die Distanz im allgemeinen zur Schule ebenfalls. Die Lehrer sind beim Einkaufen, im Ausgang, im Vereinsleben dabei und immer erreichbar.

Die Schule ist im Dorfleben integriert, sie passt sich der Lebenswelt der Eltern an, die Eltern können an der Lebenswelt der Schule leicht partizipieren.

Die Chance für einen sozio-kulturell angepassten Unterricht ist gross, weil alle Schüler gemeinsam dieselbe Schule besuchen und sich die Schule auf die Verschiedenartigkeit der Schüler einstellt, ja einstellen muss.

Die Klassen sind relativ klein, das heisst, das einzelne Kind kann individueller betreut werden.

Aus der Anpassung an die Lebenswelt der Eltern und derjenigen an das Dorf (sozio-kulturell) ergibt sich die Chance auf einen qualitativ hochwertigen Unterricht jenseits der Massenabfertigung. Die Dorfschule bringt eher die Möglichkeit mit sich, auch einen Erziehungsauftrag (jenseits des Bildungsauftrags) wahrzunehmen.

Durch die im Dorf vorhandenen Bildungsmöglichkeiten (Kindergarten bis 9. Klasse, Erwachsenenbildung durch die Lehrerschaft) bleibt das Dorf als attraktiver Ort mit Möglichkeiten bestehen: Der Abwanderung in die Städte wird so vorgebeugt, und das Dorf verliert nicht an Entwicklungspotential.

Die Einbettung von 5 – 16 jährigen bringt ein echtes familiäres Verhältnis in eine Zeit, in der die durchschnittliche Familie aus kaum mehr als einem Kind und einem Elternteil besteht. Die Teenager wachsen in ein natürliches Verhalten zu und mit kleinen Kindern hinein. Die Kleinen lernen sich unterzuordnen und merken bald, wie sie die „Grossen" um den Finger wickeln können. (In meinen mehr als 20 Jahren als Lehrer und Schulleiter lernte ich erst einen einzigen Schüler kennen, der sich dieser Integration verweigerte.)

Das Schulhaus Wengen, seine Klassen und seine Zimmer

Lehrer im Dorf sind nicht nur Lehrer

Wenn ein Dorf eine voll ausgebaute Schule hat, hat es eine entsprechende Anzahl gut ausgebildeter Lehrkräfte. Diese arbeiten mit den Dorfkindern, und oft auch mit den Einwohnern des Dorfes, des Kantons, der Nation.

Ein paar Beispiele aus dem Bereich der Gemeinde Lauterbrunnen (Lauterbrunnen, Wengen, Stechelberg, Gimmelwald, Mürren, Isenfluh):

Politik:
Christian Rubi, Wengen, Nationalrat, Grossrat
Hans Gertsch, Wengen, Grossrat
Hans Buchs, Stechelberg, Grossrat
Emil von Allmen, Gimmelwald, Grossrat
Christian Rubi, Wengen, Gemeinderat
Hans Gertsch, Wengen, Gemeinderat
Fritz Mühlemann, Lauterbrunnen, Gemeinderat
Klaus Landolf, Lauterbrunnen, Gemeinderat
Jost Brunner, Wengen, Grossrat, Gemeindepräsident

Sport:
Christian Rubi, Wengen
Hans Gertsch, Wengen
Max Reinmann, Wengen
Hans Meyer, Mürren

Kultur:
Hans Michel, Wengen, Buchautor
Christian Graf, Wengen, Buchautor
Hans Gertsch, Wengen, Chorleitung
Willi von Allmen, Wengen, Chorleitung
Ruedi Büschlen, Lauterbrunnen, Gesang
Beat Bucher, Wengen, Chorleitung
Daniel Herrmann, Stechelberg, Chorleitung

Dorfgemeinschaft:
Balz Spörri, Mürren, Feuerwehrkommandant
Balz Spörri, Mürren, Koordinator Bergrettungsdienst
Lauterbrunnen
Daniel Herrmann, Stechelberg, Präsident Stiftung
Altersheim Lauterbrunnen
Ruedi Büschlen, Lauterbrunnen, Präsident verschiedener
Vereine
Ruedi Baltisberger, Wengen, Präsident Dorfsonntag
Wengen
Beat Bucher, Wengen, Präsident Kirchgemeinde
Lauterbrunnen

Geschichten, Anekdoten

Ein Knabe fuhr mit dem Schlitten die Senggasse hinunter zum Schulhaus am Acher. Gleichzeitig fuhr eine Kutsche, gezogen von zwei Pferden vom Acher Richtung Bahnhof. Der Knabe fuhr glücklichweise genau so unter den Pferden durch, dass ihn nur ein Pferdehuf am Kopf traf, so dass er mit einer Kopfwunde davonkam.

Im Film „Mein Name ist Eugen" macht ein ehemaliger Schüler mit: Alex Niederhäuser. Schon hier war er bekannt, als immer hungriger Alex. Mit Ueli von Allmen entstand der Schmunzelsong: „Dr Nidi het Hunger".

Im Buch „Der schönste Platz der Welt" schrieb Ernst Gertsch: „In Wengen gab es nach der Jahrhundertwende eine Primarschule mit etwa achtzig Schülern. Nach Beendigung der Primarschule – als Belohnung für das bestandene Sekundarschulexamen – bekam ich von den Eltern ein besonders „folgenreiches" Geschenk: ein paar Hickory-Ski. Dergleichen hatte noch nie jemand in Wengen besessen! Meine Schulfreunde nannten die schwarzlackierten Bretter ironisch „Sargdeckel".

1998 wurde Maja Zimmermann als erste Frau ins Berner Münsterpfarramt gewählt. Sie war Kindergärtnerin in Wengen, holte die Matur nach und studierte Theologie.

Ist die Dorfschule wirklich so schlecht?
Referat am Süddeutschen Rundfunk, 5. Dez. 1976
von Dr. Arthur Brühlmeier, Oberrohrdorf

Meine sehr verehrten Zuhörerinnen und Zuhörer,
die kleine Schule ist in Verruf geraten. Das hatte zur Folge,
dass deren Beseitigung zu einem wichtigen Anliegen der
Schulreform wurde. Die Schüler der Volksschule sollten
von nun an in integrierten Gesamtschulen, zumindest aber
in grossen Schulzentren auf ihre künftige Lebensaufgabe
vorbereitet werden. Sehr viele Dörfer haben damit ihre
Schule teilweise oder ganz verloren. Man war in den
entscheidenden Behörden davon überzeugt, dass die kleine
Schule keine Chancengleichheit gewährleisten und keine
Bildung vermitteln könne, die den Ansprüchen des
modernen Lebens genügt.

Es ist freilich nicht zu bestreiten, dass die extrem kleine,
sogenannte Zwergschule, in der eine einzige Lehrkraft
sämtliche Jahrgänge unterrichtet, einer grösseren Schule in
mancher Hinsicht unterlegen ist. Aber im Zuge der Reform
verschwanden nicht nur die Zwergschulen, sondern viele
sehr wohl lebensfähige Dorfschulen. Diese noch durchaus
lebensfähigen Schulen sind gemeint, wenn hier die Frage
aufgeworfen werden soll, ob denn die Dorfschule wirklich
so schlecht sei.

Dorfschule – was ist denn das? Wer mit den ländlichen
Verhältnissen aus eigener Erfahrung vertraut ist, weiss,
dass dies mehr ist als das Schulhaus, die Schüler und der
Lehrer. Die Schule ist das geistige und kulturelle Zentrum
des Dorfes. Sie verbindet Eltern, Lehrer und Behörden

durch deren gemeinsame Verantwortung für die Bildung der heranwachsenden Jugend. Die Dorfschule führt mit aller Selbstverständlichkeit, und daher fast unmerklich, die Glieder einer Dorfgemeinschaft zusammen, weil sie eine wichtige gemeinsame Aufgabe zu lösen haben. In der Dorfschule bleibt das Wissen um das in der nähern Umgebung Bedeutsame und Wertvolle lebendig, denn in ihr werden die Kinder vertraut mit interessanten Eigenheiten der örtlichen Pflanzen– und Tierwelt, mit Besonderheiten der Landschaft, mit Zeugen geschichtlicher Ereignisse, mit Merkwürdigkeiten und Schönheiten der Bauweise, mit den besonderen Beschäftigungsarten der früheren und heutigen Bewohner und mit den örtlichen Sitten und Gebräuchen. In der Dorfschule lernen die Schüler auch an überschaubaren und ihnen daher verständlichen Beispielen Probleme kennen, die sich den Erwachsenen stellen und zu deren Lösung ein sachlicher politischer Einsatz nötig und auch lohnend ist.

Ein Dorf ohne Schule verliert nicht nur die Wertschätzung für das Einzigartige, es verliert allmählich auch das Bewusstsein des Vergangenen. Ein Dorf ohne Schule steht deshalb in der grossen Gefahr, traditionslos zu werden. Durch die Preisgabe der Tradition verliert es viel von seinem eigenständigen, einmaligen Charakter und damit von seiner Wohnlichkeit. Die Menschen finden in ihm nicht mehr jene Geborgenheit, um derentwillen sie das Leben im Dorfe einem Leben in der Stadt vorzogen. Im traditionslosen oder traditionsarmen Dorf versiegen die Quellen, aus denen sich das Heimatgefühl nährt.

Das Dorf verliert indessen das Bewusstsein seiner Eigenart und seiner Vergangenheit nicht nur darum, weil die heranwachsende Generation kaum mehr etwas über das Einzigartige und Merkwürdige des eigenen Dorfes erfährt, sondern auch darum, weil viele Dörfer die am Dorfleben und an der Dorfkultur interessierten Lehrer verlieren. In wie vielen Dörfern erfüllten doch die Lehrer wertvolle Arbeit als lokale Geschichtsforscher und Geschichtsschreiber. In mühseliger Kleinarbeit hoben sie Vergangenes ans Licht und stellten die noch im Dorfe erhaltenen Zeugen der Vergangenheit in den grösseren Zusammenhang der Landes– oder gar Weltgeschichte. Diese geschichts– und heimatbewussten Lehrer waren es auch, die in ihrer eigenen Schule eifrig darüber wachten, dass dieses zwar nicht weltbewegende, aber für die Dorfbewohner bedeutsame Wissen nicht in Bibliotheken verstaubte und nicht aus dem Bewusstsein der Bevölkerung verschwand. Und in wie vielen Dörfern sind die Lehrer wichtige Träger der Dorfkultur, sei's als Chordirigent, als Theaterregisseur, sei's als Initiant von Veranstaltungen für Erwachsenenbildung oder als Leiter irgendwelcher Vereinigungen.

Aus dem Dargelegten wird wohl klar, dass die gute Dorfschule den eigentlichen Kern des Unterrichtsstoffs aus der eigenen nächsten Umgebung bezieht. Jede Dorfschule erhält dadurch ein einmaliges, unverwechselbares Gesicht. Freilich schafft sie damit etwas, das vielen Zeitgenossen als das Weltübel Nummer eins erscheint: Sie schafft Ungleichheiten. Gewiss entstehen aus solchen Ungleichheiten manche Probleme, so etwa beim Übertritt in andere Schulen. Doch ist es wohl falsch, die Ungleichheiten – wie dies heute gängig geschieht – nur noch als Ungerechtigkeiten und als störende Einflüsse bei der Planung zu sehen und sie damit einseitig negativ zu beurteilen. Ungleichheiten können durchaus auch positiv gewertet werden als der unmittelbare Ausdruck der Vielfalt des Lebens. Nur weil viele moderne Menschen diese positive Seite der Ungleichheit nicht mehr wahrzunehmen vermochten, konnte es geschehen, dass ein an sich wertfreies und inhaltsloses Prinzip – eben das Prinzip der Gleichheit – ausgesprochen oder unausgesprochen zum obersten Ziel der Bildungsreform werden konnte. Eine Zeitlang schien man gesonnen, dem Prinzip der Gleichheit alles zu opfern. Ich habe es beispielsweise selbst erlebt, dass Pädagogikstudenten an der Universität allen Ernstes die Möglichkeit erwogen, die intelligenteren und aus geistig anregsameren Verhältnissen stammenden Kinder künstlich an ihrem Fortschritt zu hemmen, um dadurch die Chancengleichheit zu bewerkstelligen.

Nun ist, wie bereits erwähnt, das Prinzip der Gleichheit an sich ohne Inhalt. Aber wenn man bei der Verwirklichung der Schulreform Gleichheit forderte, musste man sich notgedrungen nach irgendwelchen inhaltlichen Vorstellungen ausrichten, d. h. man musste sagen, worin denn eben die Chancen bestünden, die bei allen gleich sein sollten. Es ist zwar offenkundig, dass nicht alle Reformer dieselben Chancen im Auge hatten, wenn sie Chancengleichheit forderten, aber im grossen und ganzen orientierte man sich doch – mehr oder weniger bewusst – am Leitbild des studierten Stadtmenschen. Jedes Kind sollte die Chance haben, ein Abitur zu machen und nach erfolgtem Studium auf die oberste Sprosse der gesellschaftlichen Stufenleiter zu klettern. Man mag diese Aussage als überspitzt empfinden, dass sie aber im Kern stimmt, leuchtet sofort ein, wenn man bedenkt, dass es gewiss niemandem in den Sinn kam, die Stadtkinder zu bemitleiden und für sie die reale Chance zu fordern, eine Dorfschule besuchen zu dürfen und Bauer zu werden. Die ländliche Lebensform wurde von vornherein als minderwertig beurteilt, und deshalb hat man auch die grossen Vorteile der Dorfschule nicht mehr gesehen und diese so leichthin beseitigt. Nur weil die Inhalte, die in den lebens– und heimatkundlichen Fächern in den Dorfschulen im Mittelpunkt standen – eben die auf die jeweilige Lage bezogenen Inhalte –, als minderwertig betrachtet wurden, hat man sie zugunsten einer weitgehenden stofflichen Vereinheitlichung aufgegeben. Und dass die ländliche Lebensform gegenüber der städtischen minderwertig ist, wird Tausenden von Kindern ohne ein einziges Wort und ohne, dass man es will, mit einer sehr einschneidenden Massnahme während vielen Jahren geradezu eingeimpft: Täglich verlassen sie ihre Dörfer und fahren in die Stadt oder ins Ballungszentrum, um sich das zu holen, was ihnen das Dorf offenbar nicht geben kann: nämlich Bildung. Oder mit andern Worten: weil einerseits die Stoffe in den grossen Schulen überregional vereinheitlicht wurden und dadurch die örtlichen Gegebenheiten in der Schule weitgehend unberücksichtigt bleiben, und weil andererseits die Landkinder täglich aus ihrem Wohnort geholt werden, muss sich in ihnen notgedrungen das Gefühl verstärken, die ländliche Lebensweise sei – verglichen mit der städtischen – minderwertig. Da aber das Dorf durch die Schliessung der Schule eine entscheidende Schwächung der Dorfkultur erlitten hat und gerade dadurch gegenüber früher und gegenüber der Stadt tatsächlich minderwertig geworden ist, wird das Minderwertigkeitsgefühl des Landkindes noch weiter verstärkt. Damit wird das genaue Gegenteil von dem erreicht, was man ursprünglich in ehrlicher Absicht anstrebte: Man wollte die Bildungsmöglichkeiten für die

Landbevölkerung verbessern und dadurch das Land aufwerten, die gewählten reformerischen Massnahmen bewirken indessen geistige Landflucht und damit eine Verstärkung des immer schon verdeckt vorhandenen Minderwertigkeitsgefühls der Landbevölkerung gegenüber der Stadt.

Man muss sich fragen, wie es denn dahin kommen konnte. Ein Grund wurde bereits genannt: dass man die bäuerliche Lebensform an sich nicht mehr als wirkliche Lebenschance wahrzunehmen vermochte. Ein zweiter Grund liegt meiner Ansicht nach darin, dass wir mit aller Selbstverständlichkeit mit einer wirtschaftlichen Denkweise an die Lösung von Problemen herantreten. Damit meine ich nicht, dass finanzielle Erwägungen an erster Stelle stünden, sondern dass man glaubt, diejenigen Massnahmen, die zum wirtschaftlichen Erfolg führen, seien allgemein erfolgreich. So haben uns die letzten Jahrzehnte sinnenfällig vor Augen geführt, dass überall dort besser verdient werden kann, wo man zusammenlegt und vereinheitlicht, d. h. durch Konzentration und Koordination. Diese beiden im Wirtschaftsleben weithin bewährten Prinzipien der Konzentration und der Koordination übten nun offenbar auf die meinungsbildenden und beschlussfassenden Wissenschaftler, Journalisten und Politiker eine derartige Anziehungskraft aus, dass sie sich ganz selbstverständlich auch in der Bildungsreform durch konzentrierende und koordinierende Massnahmen einen durchschlagenden Erfolg versprachen. Sie scheinen dabei übersehen zu haben, dass in der Bildung und Erziehung wesentlich andere Prinzipien und Gesetzmässigkeiten gelten als in der Wirtschaft.

Führende Pädagogen, die sich mehr auf die Bedürfnisse des einzelnen Kindes als auf das System und die Organisation ausrichteten, haben das immer gewusst, allen voran der grosse Pestalozzi. Er hat überzeugend gezeigt, dass Bildung eben gerade nicht – wie man heute weithin glaubt – ein Konsumgut ist, das durch eine vereinheitlichende Planung nach Belieben erzeugt werden kann, sondern dass Bildung als ein Prozess der aktiven Umgestaltung des Einzelnen zu verstehen ist. Dieser Prozess führt nach Pestalozzi nur dann zum gewünschten Ziel, nämlich zur Menschlichkeit des Einzelnen, wenn zwei grundlegende Bedingungen erfüllt sind: Erstens muss die in der Bildung notwendige Auseinandersetzung des jungen Menschen mit der Welt ausgehen von seiner intensiven Beschäftigung mit den nächsten Verhältnissen, in denen er als Einzelner lebt und die für ihn den Ernstfall darstellen, und zweitens muss diese Auseinandersetzung geschehen auf der Grundlage dauerhafter mitmenschlicher Beziehungen. Diese beiden Erziehungsprinzipien – nämlich Bildung in den je verschiedenen nächsten Verhältnissen und Bildung von Angesicht zu Angesicht – stehen aber den beiden der Schulreform zu Grunde gelegten wirtschaftlichen Prinzipien der Koordination und Konzentration diametral entgegen. Diese Schulreform ist in dieser Hinsicht ein entschiedener Schritt weg von Pestalozzi.

Die Folgen werden bereits sichtbar. Die überzogenen Erwartungen, die man in die Bildungsreform setzte, sind weithin der Ernüchterung gewichen. Die Schüler erwärmen sich nicht für den vereinheitlichten Stoff, und viele Lehrer müssen zum Druckmittel der Schulnote greifen. Insbesondere die feinfühligen Kinder fühlen sich in der Masse isoliert, und die Ärzte und Psychologen stellen eine erschreckende Zunahme von Verhaltensstörungen und seelischen Erkrankungen fest. Freilich wäre es zu billig, für diese Erscheinungen eingleisig die Schule verantwortlich machen zu wollen. Aber man kann sich nur schwer der Einsicht entziehen, dass diese unerfreuliche Entwicklung durch die Schulreform noch verstärkt wurde. Man verstösst eben notgedrungen gegen die Bedürfnisse und Interessen des Einzelnen, wenn man sich einseitig von Interessen der Gesellschaft und von Prinzipien wie Koordination, Konzentration, Vereinheitlichung und Gleichheit leiten lässt.

Was lässt sich nun heute tun, in einem Zeitpunkt, wo nur wenige den Mut aufbringen, die Zweckmässigkeit der Schulkonzentration und der Schliessung von lebensfähigen Dorfschulen in Frage zu stellen? Ich möchte in sechs Punkten die wesentlichsten Gedanken meines Referates zusammenfassen und gleichzeitig einen Weg aufzeigen, den einzuschlagen mir in der heutigen politischen Lage vertretbar und sinnvoll erscheint:

1. Es muss eine grundsätzliche Besinnung auf die Werte des ländlichen Raums im allgemeinen und des Dorfs im besonderen in Gang gesetzt werden, um die schwelenden Minderwertigkeitsgefühle der Landbevölkerung gegenüber dem Städter abzubauen.

2. Es muss die Einsicht gefördert werden, dass das Dorf mit der Preisgabe seiner Schule sein geistiges und kulturelles Zentrum verliert und dass dadurch die Landflucht auf lange Sicht begünstigt wird.

3. Das Verständnis für die Qualität der gut geführten, überschaubaren Dorfschule muss wachsen. Die oberflächliche Meinung, die kleine Schule sei von vornherein eine schlechte Schule, muss durch die Einsicht ersetzt werden, dass selbst Abteilungen mit 2 oder 3 Jahrgängen sehr gute Schulen sein können, weil in ihnen eine besondere Betreuung des Einzelnen besser möglich ist, weil die Jüngeren von den Älteren vieles unwillkürlich lernen und weil sich gegenseitige Rücksichtnahme und Hilfeleistungen natürlich ergeben.

4. Das Prinzip der Gleichheit darf nicht mehr als Wert an sich gelten. Wer die Ungleichheiten nicht als Ausdruck der Vielfalt des Lebens bejahen kann, der betrachte sie wenigstens im Hinblick auf die grossen Nachteile einer übertriebenen Koordination und Konzentration als das kleinere Übel.

5. Die landläufige Meinung, die Konzentration im Schulwesen sei auf die Dauer billiger, muss unter die Lupe genommen werden. Angesichts der riesigen Aufwendungen für die Errichtung von Mittelpunktschulen, des Wertverlustes durch Ausserdienstsetzung teils moderner Schulanlagen auf dem Dorfe und angesichts der jährlich anfallenden Transportkosten von gegenwärtig hundertsechzig Millionen DM für das Land Baden–Württemberg ist es im Gegenteil hoch wahrscheinlich, dass es billiger gewesen wäre, die an sich tragfähigen Dorfschulen auszubauen und mit modernem Lehr– und Lernmaterial auszurüsten. – Und schliesslich

6. Die Politiker, Behörden, Eltern und Lehrer solcher Dörfer, die noch über eine eigene Schule verfügen, sollten sich über die Parteigrenzen hinweg zusammenschliessen, um den Verlust ihrer Schule im Interesse ihrer Kinder zu verhindern. Dies erfordert zwar viel Kraft und Mut, spätere Generationen werden indessen diesen Einsatz zu danken wissen.

Adresse des Verfassers:
Dr. Arthur Brühlmeier
CH - 5452 Oberrohrdorf (Kanton Aargau, Schweiz)
www.bruehlmeier.info

(Für die Erlaubnis zum Abdruck dieses Referates bin ich Herrn Dr. Brühlmeier sehr dankbar.)

Blick aus dem Fenster des Realschulzimmers

Die Zukunft

Schulentwicklung im Lauterbrunnental

Immer mehr geht der Anspruch der Bevölkerung in Richtung: **„Die Schule ist dann gut, und nur dann, wenn sie genau für mein Kind, meine Kinder gut ist.**" Wenn man nun weiss, wie verschieden die Menschen sind, so weiss man auch, wie unterschiedlich die Ansprüche an eine gute Schule ausfallen.

Da es nicht möglich ist, jedem einzelnen dieser Ansprüche vollumfänglich zu genügen, muss sich jede Schule ein eigenes Profil geben, will sie nicht einfach resignieren. Dieses Profil ist abzustimmen mit der Dorfgemeinschaft.

Die Schule in Wengen hat also ein anderes Profil als diejenige von Lauterbrunnen-Süd und die von Lauterbrunnen. Die Profile der einzelnen Schulen sind gewachsen, wurden angepasst, manchmal mehr, manchmal weniger überlegt, haben sich bewährt. Sie bieten eine Art von Heimat.

Alle paar Jahre wird das Profil der Schule überarbeitet, die Arbeit der vergangenen Jahre fliesst ebenso ein, wie die Ansprüche der Schüler, der Dorfgemeinschaft und der Eltern.

Bewährt hat sich in unser Schule unter Anderem das Erfassen und Kommunizieren von Wengen spezifischen Lernzielen unter dem Titel: „Was ein Schüler von Wengen kann".

Reorganisation

Eine Reorganisation aller Schulen im Lauterbrunnental, wirft alles Gewachsene zuerst einmal über den Haufen. Aus diesem Scherbenhaufen gilt es alsdann mühsam wieder etwas Neues zu erschaffen. Das Neue sollte Verbesserungen und nicht Verschlechterungen bringen. Es geht hier nicht um eine konservativ-bewahrende Haltung, sondern darum, Bewährtes nicht einfach aufzugeben, nur weil es alt ist. Sowohl für den einzelnen Schüler wie auch für die einzelnen Dörfer der Talschaft sollten die Neuerungen positiv erlebbar sein.

Im Klaren sein muss man sich, dass kaum je eine Schliessung rückgängig gemacht werden wird. Was ein Dorf verliert, hat es verloren. Auch darum sollte sorgfältig überlegt werden, nicht nach dem Motto: „Man kann es ja mal ausprobieren!"

Auch die Wahl des kleineren Übels scheint mir nicht angebracht zu sein. Auch wenn das Wohl der Talschaft im Vordergrund steht, so ist doch das Wohl der Bäuert Wengen nicht einfach unwichtig.

Zusammenarbeit in der Talschaft Lauterbrunnen

Seit Jahren haben wir im Lauterbrunnental eine einzige Schulkommission mit einem Schulkommissionspräsidenten, der zugleich Gemeinderat ist. In der Schulkommission sind pro Bezirk ein bis zwei Mitglieder. Die drei Schulen (Wengen, Lauterbrunnen, Lauterbrunnen-Süd) haben je einen Schuleiter. Diese treffen sich an den Schulkommissionssitzungen und bisweilen auch zusätzlich. Was bis jetzt fehlte, ist eine gemeinsame Schulleitung. Die Strukturen sind allerdings nicht so einfach: Wenn ein Schuleiter von Wengen nach Mürren muss, um etwas zu richten, dann muss er einen halben bis einen ganzen Tag dafür einplanen, ein Schuleiter von Lauterbrunnen muss für einen Einsatz in Wengen einen halben Tag einplanen, etc. etc. (Es sei denn, der Kanton stelle einen Schulleitungshelikopter zur Verfügung!)

Es muss also wieder eine dezentralisierte Lösung gefunden werden. Auf das Schuljahr 2008/09 wird der Schuleiter von Lauterbrunnen pensioniert, so dass auf diesen Zeitpunkt hin eine Veränderung auf der Hand liegt.

Diese Veränderung wird zwingend auf das Schuljahr 2008/09 gefordert. Widerstand gegen eine dem Kanton genehme Lösung wird dazu führen, dass der Kanton bestimmt, was in der Gemeinde Lauterbrunnen zu geschehen hat. Diese Befürchtung ist leider nicht von der Hand zu weisen.

Nun: Vergessen wir die Drohungen und wenden uns dem Zwang zur Veränderung als Chance zu! Wir werden wohl imstande sein, eine für uns (das heisst für die Schulen der Gemeinde Lauterbrunnen) gute Lösung zu finden. Wichtig ist nicht die Schule Wengen, sondern die Schulen der Gemeinde Lauterbrunnen, in der die Schule Wengen hoffentlich noch ein paar Jahre* ihren Platz als eigenständige Schule haben wird.

* oder Jahrzehnte

Pointierter ausgedrückt: Wichtig ist nicht die Schule Wengen, sondern wichtig sind die Schulen Lauterbrunnens. Wichtig ist nicht die Schule Lauterbrunnen, sondern wichtig sind die Schulen des Kantons Bern. Wichtig ist nicht die Schule des Kantons Bern, sondern wichtig sind die Schulen der Schweiz. ...

Das Lauterbrunnental von Wengen aus betrachtet

Schule Wengen?

Chronik einer Demontage

1996: Die Sekundarschule Wengen wird gegen den Widerstand der Wengener Bevölkerung (mit dem Versprechen, die Realschule bleibe dafür in Wengen) geschlossen.

2007: An der Ortsgemeindeversammlung Wengen vom 8.3.2007 traktandierten die drei Gemeinderäte von Wengen das Thema Schule. Bernhard Fuchs trug es vor und eruierte Meinungen zu Tagesschule, zu Schulschliessung, etc. Aus der Versammlung kam die Meinung zum Ausdruck, die Schule müsse in Wengen bleiben, zumindest Kindergarten, Unter- und Mittelstufe. Bernhard Fuchs erklärte, dass sich der Gemeinderat dafür einsetzen werde, damit Kindergarten und diese Klassen in Wengen bleiben können.

(Ferdinand Wäspi schrieb im Berner Oberländer vom 10.3. 2007 davon, dass die Versammlung mindestens Kindergarten bis 6. Klasse in Wengen behalten wolle.)

In einem Interview im Berner Oberländer vom 30.3.2007 sagte Peter Wälchli, Kandidat für das Gemeindepräsidium: „Zu einem Dorfbild gehört eine Schule. Mindestens die Basisstufe sollte in den Dörfern bleiben. So ab der fünften Klasse müsste aber eine zentrale Lösung gefunden werden." Dies widerspricht klar der Meinung der Wengener Bevölkerung anlässlich der obenerwähnten Ortsgemeindeversammlung.

Mittlerweile ist Peter Wälchli als Gemeinderatspräsident gewählt worden.

Der Ball liegt nun offensichtlich bei der Gemeinde Lauterbrunnen. Was ich für die Erhaltung der Schule Wengen tun kann, das will ich tun.

Blick aus dem Fenster ... im Winter

Anhang

... mit selbstgebauten Computern. ->Informatik AG

Papiersammlung (Holzscheibe für Geschichte und Biolo-
gie)

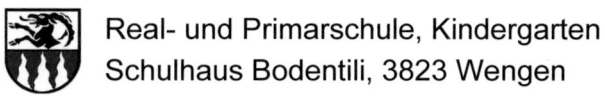

Real- und Primarschule, Kindergarten
Schulhaus Bodentili, 3823 Wengen

Was ein Schüler von Wengen kann...

KG

- ☆ Kennt ein Märchen, hat es erlebt (gespielt, gebastelt)
- ☆ Kennt eine Tierart genauer
- ☆ Kennt einige Blumen
- ☆ Erlebt den Wald
- ☆ Kennt die Familienmitglieder (Grosseltern, Eltern, Geschwister)
- ☆ Geht 3 Halbtage in die Skischule
- ☆ Macht bei einem Skirennen mit

1./2. Klasse

- ☆ Kennt einige Tiere des Waldes
- ☆ Kennt eine Tierart genauer
- ☆ Kennt die Uhr (Uhrzeit)

KG – 1./2. Klasse

- ☆ Jedes Jahr ein Laternliumzug zu einem bestimmten Thema
- ☆ Kennt den Hintergrund eines Brauchtums (Samichlous, Weihnachten, Ostern)
- ☆ Erlebt die Feste und Bräuche in der Klasse
- ☆ Kennt die Jahreszeiten, Monate, Wochentage
- ☆ Kennt die Zahnpflege
- ☆ Kennt mindestens ein Land oder ein Zeitabschnitt (Epoche)

3./4. Klasse

Gemeinde
- ☆ das Dorf kennenlernen
- ☆ kennt Berufe aus dem Dorf
- ☆ findet sich im Dorf anhand von Karten zurecht
- ☆ Aufbau (Dorfkern, neue/alte Häuser)
- ☆ Betrieb im Dorf besuchen (Bäckerei)
- ☆ Erkennt 10 Tiere der Gegend

Landschaftsformen/Natur
- ☆ Kennt Naturgefahren (Lawinen)
- ☆ Kennt Berge der Gegend
- ☆ Selber Pflanze ziehen, beobachten, Tagebuch schreiben
- ☆ Vom Korn zum Brot
- ☆ Metamorphose
- ☆ Wasser

Geschichte
- ☆ Kennt verschiedene Kulturen: Römer/Helvetier, Steinzeit,
- ☆ Sammlung: Steine, Münzen zum Thema Römer

5./6. Klasse

Gemeinde
- ☆ Kennt das Gemeindegebiet (weiss über die verschiedenen Teilgemeinden Bescheid)
- ☆ Geschichte: Entstehung des Lauterbrunnentals, Veränderungen
- ☆ Geografie: Findet sich anhand von Karten im Gebiet zurecht

☆ Kennen von Hotelbetriebe in Wengen
☆ Funktion der Versorgung des Coops kennen (Verteilzentrum)
☆ Tourismus – Verkehr in Wengen

Landschaftsformen/Natur/Geografie
☆ Aufbau und Funktion der Flora kennen
☆ Kennt alle vorherigen Pflanzen und neu 10 Blumen und 10 Sträucher
☆ Herbarium
☆ Kanton Bern
☆ Schweiz
☆ Verschiedene Kulturen kennen lernen, vergleichen (Afrika, Indien)
☆ Energie (Licht, Wärme)

Geschichte
☆ Willhelm Tell (Tellspiele)
☆ Mittelalter (Kloster)
☆ Stadt Bern früher – heute

7. – 9. Klasse
Gemeinde
☆ Politik   -> Organisation
☆ techn. Infrastruktur: ARA, ...
☆ hat mindestens 1 Gemeindeversammlung besucht
☆ Raumplanung
☆ Dokumentation mindestens einer Strasse mit Fotos, Karte und Geschichten

Kanton - Bund
☆ Politik   -> Organisation

☆ hat mindestens eine Wahl (Regierungsrat, Bundesrat, Nationalrat, Kantonsrat) intensiv behandelt
☆ kennt die Bürgerrechte

Gewerbe

☆ kennt mindestens 1 Betrieb:
☆ (EWL, Schreinerei/Zimmerei/Forst, Sanitär/Bau, Bank)
☆ (wirtschaftliche + technische Begebenheiten)
☆ Berufswahlkunde
☆ (Berufssektoren)

Landschaftsformen

☆ kennt mindestens 5 Gesteinsarten
☆ Gletscher (mit Begehung)
☆ Erdrutsch
☆ Alpwiesen
☆ Ökosystem Wald
☆ (Welt: Wind/Wetter (ohne Gegend))

Kultur

☆ hat mindestens 1 Kunstausstellung besucht
☆ Museen
☆ Tradition: Talschaftsmuseum
☆ kennt verschiedene Kulturen
☆ Weltreligionen
☆ Rassismus
☆ Toleranz/Akzeptanz
☆ soziales Verhalten anderen gegenüber
☆ Zivilcourage

Landschulwoche
☆ klassenübergreifend (?) alle 3 Jahre
☆ lernt eine andere Gegend kennen
☆ auch in fremder Sprache
(franz/ital/rumantsch)

Suchtprävention
☆ mit Schularzt
☆ im Turnus: - Drogen
- Rauchen
- Alkohol

Aufklärung
☆ hat schon mal ein Kondom über eine
Banane gestülpt

Projekte
☆ klassenintern
☆ klassenübergreifend
☆ Schulhausübergreifend

Für Rückmeldungen zum Inhalt oder zur Umsetzung
dieses Papiers sind wir allen dankbar!

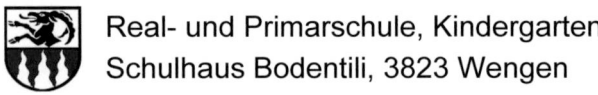 Real- und Primarschule, Kindergarten
Schulhaus Bodentili, 3823 Wengen

Unsere Spezialitäten

Bereich Musik:

- 2 Lektionen Musikalische Grundschule
- 2 Lektionen Musik und Singen an jeder Klasse
- 2 - 3 Lektionen Blockflöte
- 1 Lektion Gruppenmusizieren Streicher
- 1 Lektion Gruppenmusizieren Orff'sches Instrumentarium
- In Zusammenarbeit mit der Musikschule Berner
  Oberland: Klavierunterricht

Bereich Informatik:

- 1 Lektion Tastaturschreiben 5. Klasse
- 1 Lektion Informatik an der Realschule
- *2 Lektionen Informatik Arbeitsgruppe 6. - 9. Klasse
  (Angebot der Schule)

* ab 2007/08 gestrichen (von wem wohl? ...)

Bereich Sport:
- 3 Lektionen Sport an jeder Klasse
- 1 Lektion freiwilliger Schulsport 4. - 9. Klasse
- Skirennen
- Talschaftsrennen (zusammen mit den Schulen
  Lauterbrunnen und Lauterbrunnen-Süd)
- Orientierungslauf (1.-9. Klasse)

Bereich Soziales

- Projektwoche einmal im Jahr (gemischte Gruppen)
- Outdoortag (Eine Art Projekttag im Freien)
- Examen (die ganze Schule ist beteiligt, alle haben eine
  Aufgabe, das meiste entsteht in der Zusammenarbeit
  Schüler-Lehrer)
- Blockzeiten: Von 8.30 Uhr bis 11.10 Uhr sind jeweils alle
  Schüler in der Schule.
- Integration eines autistischen Schülers
- Mitwirkung am Adventsmärit
- Weihnachtsaufführung in der Kirche für die Senioren von
  Wengen und die Angehörigen der Schüler

Bereich Wissen

- siehe Blatt „Was ein Schüler von Wengen kann"

Unsere Spezialitäten werden laufend den momentanen
Gegebenheiten angepasst: Vorgaben des Kantons,
Zusammenstellung der Schüler, erkannte Notwendigkeiten

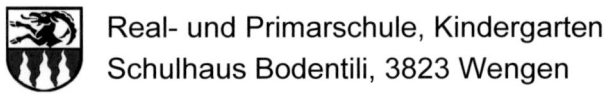 Real- und Primarschule, Kindergarten
Schulhaus Bodentili, 3823 Wengen

Unsere Projekte

Fotografieren
Das ganze Dorf, Haus für Haus, Strasse für Strasse foto-
grafisch dokumentieren.
http://schulewengen.educanet2.ch/fotowengen/

Theater
Die Kinderoper Brundibar einstudieren und zur Aufführung bringen. Brundibar ist die Oper, die im KZ There-
sienstadt (Terezin) 55 Aufführungen erlebte!
(Ob und wann wir dies schaffen, ist noch ganz ungewiss!)
http://schulewengen.educanet2.ch/brundibar/

Technik
Um den Computer einigermassen verstehen zu können,
bauen die Schüler im letzten Schuljahr (freiwillig) einen
Computer. Bis jetzt geschah dies im Rahmen des
Wahlfachs InformatikAG, das uns allerdings auf 2007/08
gestrichen wurde.

Buch Abschlussklasse
Zum Abschluss der obligatorischen Schulzeit erstellt die 9.
Klasse ein Buch mit eigenen Texten und Bildern. Dieses
wird bei BOD gedruckt und stellt somit eine hochwertige
Erinnerung an die Schulzeit dar.

Die Homepage der Schule Wengen

http://schulewengen.educanet2.ch/info/

Auszug aus dem Schulreglement der Einwohnergemeinde Lauterbrunnen vom 1.7.1996

Art. 1

Das Schulwesen der Gemeinde Lauterbrunnen umfasst:
- die Kindergärten Lauterbrunnen, Wengen und Mürren
- die Volksschulen der Bezirke Lauterbrunnen, Wengen, Stechelberg, Gimmelwald und Mürren mit Primar-, Misch-, Real- und Sekundarklassen
- Eine Kleinklasse A + Spezialunterricht

Art. 5

- In Lauterbrunnen, Wengen, Mürren, Gimmelwald und Stechelberg werden Primar- und Real- bzw. Mischklassen geführt.
- Sekundarklassen werden in Lauterbrunnen geführt.
- Der Gemeinderat kann mit Reglement den gemeinsamen Unterricht von Real- und Sekundarschülerinnen und –Schülern einführen.

Art. 12

Die Schulen der Gemeinde Lauterbrunnen werden in drei Schulleitungskreise unterteilt:
- Lauterbrunnen/Isenfluh: Kindergarten, Primarklassen, Realklassen, Sekundarklassen und evtl. eine Kleinklasse A für alle drei Schulkreise
- Lauterbrunnen Süd mit Stechelberg, Gimmelwald, Mürren: Kindergarten, Primarklassen, Mischklassen
- Wengen: Kindergarten, Primarklassen und Realklassen

einige Zeitungsberichte

Jungfrauzeitung
Wengen | 11. Juli 2005

<u>Eine Flasche auf Reisen</u> (Schulabschluss *Schule Wengen)*

Drei Aufführungen der Flaschenpost prägen das Examen der *Schule Wengen*. Alle Schüler, vom Kindergarten bis zur 9. Klasse sind dabei: Als Tänzer, Sänger oder Schauspieler.

Ein grandioses Spektakel, voll Leben und Musik, spielt sich in der vollbesetzten Turnhalle ab. Keine Schülerin, die nichts zu tun hat, kein Schüler, der gelangweilt herumsteht. Jens aus Dänemark schreibt eine Flaschenpost, weil er sich so allein fühlt. Die Flasche übergibt er dem Meer, und in der Folge wird die Flasche immer wieder von einer Gruppe Kinder gefunden, und der Brief ergänzt. Die Weltreise, die diese Flasche macht, wird musikalisch und schauspielerisch-tänzerisch umgesetzt von den Mädchen und Knaben des Kindergartens (Fische, Meer, Hawaii), der 1. und 2. Klasse (Orient), der 3. und 4. Klasse (Grönland), der 5. und 6. Klasse (Mittelmeerraum und New York) und der 7. bis 9. Klasse (Südamerika). Alle Klassen und alle Lehrer wirkten mit, darunter Ueli von Allmen als Musiklehrer, die Werklehrerinnen Rosemarie Kiener und Ruth von Allmen, die Sportlehrerin Andrea Gander, die Klassenlehrer Tosca Hodel, Barbara Wyttenbach, Nicole Mürner, Ruedi Baltisberger, Ursula Leuthold, Beat Bucher und der Hauswart Nicolo Alessandrello.

Mit dem Ende dieses Schuljahres verlassen uns die 9. Klässler: Sabrina Bührer, Bozo Gudelj und Alexander von Allmen, und die Lehrer Ueli von Allmen und Nicole Mürner. Ihnen allen wünschen wir eine gute Zukunft. Beat Bucher, Schulleiter

Examen 05

Jungfrauzeitung
Wengen | 01. Juni 2005
Sport, Spiel und Schoggibananen

Erlebnisreicher Outdoortag der *Schule Wengen*

Inzwischen ist er eine Tradition, der Outdoortag der *Schule Wengen*. Kinder vom Kindergarten bis zur 9. Klasse konnten beim Klettern, Rollerbladen, Seilbähnli bauen, moderne Schatzsuche und Bräteln mitmachen.

Am Dienstag stand alles ausser Lesen auf dem Stundenplan: Die Schüler aus *Wengen* erlebten einen ereignisreichen Outdoortag.

Vergangenen Dienstag um 9.00 Uhr traf sich die erwartungsfrohe Schar vor dem Schulhaus und teilte sich gleich auf die verschiedenen Gruppen auf: Ein Teil marschierte zum Bahnhof, einige mussten einkaufen, andere marschierten zum «Chilcheschopf» und der Rest wurde kurz in die Bedienung der GPS-Geräte eingeführt. Die Klettergruppe fuhr mit dem Zug nach Lauterbrunnen, wo sie sich mit den Bergführern Toni Brunner und Dres Schild trafen. Anschliessend wanderten sie zur Chorbalm, wo die Kinder eine Einführung ins Klettern erhielten. Mit viel Begeisterung kraxelten sie an den Felsen herum. Zu dem erlebnisreichen Tag gehörten zudem Seilbähnli fahren, Höhlen forschen, Kristalle suchen und Würste und Schoggibananen bräteln. Müde und staubig kehrten schliesslich alle nach *Wengen* zurück. Herzlichen Dank den beiden Bergführern für ihren tollen Einsatz!

Schatzsuche mit GPS

Mit GPS und Beschreibungsblatt ging es für 24 Kinder auf Schatzsuche. Eingeteilt in Viererteams mussten insgesamt 13 Schätze gefunden werden. Letztlich blieb kein ungehobener Schatz übrig, alle wurden gefunden. Ein Team musste bis zur Allmi laufen, fand den Schatz aber sofort, ein anderes Team grub die halbe Sandgrube beim Schulhaus um, bis es den Schatz gefunden hatte. Die Zugfahrt brachte die Rollerblader nach Wilderswil, von wo aus zu Fuss der Flugplatz erreicht wurde. Jetzt galt es all die Schutzteile und schlussendlich die Blades anzuziehen, was mit der Hilfe der Älteren auch den Kleinen gelang. Sturz- und Bremstechnik, Slalom und Stafetten, rückwärts fahren, kurz: Jedes konnte seine Blade-Künste verbessern. Die Brätelgruppe erledigte in Menü-Teams von vier Kindern eingeteilt zuerst den Einkauf. Nach den Vorbereitungen in der Schulküche ging der Fussmarsch mit dem geladenen Veloanhänger zu der Brätelstelle bei den Ziegenställen. Nun stellte jede Gruppe ihr Menü her. Nach dem Apéro mit Sommerdrink und Minipizzas genossen alle das hübsch bereitgestellte Buffet für Käsbrätel, Zigeunerspiessli, Schlangenbrot und Fruchtsalat. Die Feuerchefs bewachten die Glut. Ausser schmutzigen, nassen Kleidern und Bekanntschaft mit Brennnesseln verlief alles glücklicherweise unfallfrei und wurde somit zu einem grossen Erfolg. Dazu beigetragen hatte auch der Verkehrsverein, der die Brätelstelle perfekt gepflegt und vorbereitet hatte. Am «Chilcheschopf» bauten einige Kinder ein Seilbähnli. Alle konnten sich zum Schluss mit einem Klettergurt am Karabiner einhängen und am Seil runtersausen. Zum Zmittag brätelten sie Würste, zum Dessert gabs noch Schoggibananen. Am Nachmittag wagten sich die Kinder schon auf eine schnellere Fahrt.

Leider musste um halb drei das Seilbähnli wieder abgebaut und der Rückweg angetreten werden.

Beat Bucher, Schulleiter *Wengen*

ein spezieller Baum vor dem Schulhaus! (2 Bäume...)

Jungfrauzeitung

Ski alpin | 02. Februar 2007

Schülerskirennen am Bumps

Talschaftsrennen Lauterbrunnen

Seline Wegmüller und Michael Huggler dominierten die Einzelwertungen am *Talschaftsrennen* 2007. Am 31. Januar fand bei strahlendem Sonnenschein auf der Piste des Skilifts Bumps das seinerzeit von Lord Montgomery of Alamein gegründete *Talschaftsrennen* statt. In Vierergruppen starteten die Schülerinnen und Schüler der Talschaft Lauterbrunnen (Mürren, Wengen, Gimmelwald Isenfluh, Stechelberg und Lauterbrunnen) in den Wettbewerb um den Sieg. Wieder einmal gewannen die Mädchen aus Wengen und die Knaben aus Lauterbrunnen den Pokal. An zweiter Stelle klassierten sich die Mädchen Lauterbrunnen 2 und die Knaben Wengen 1. Auf den dritten Platz fuhren die Mädchen Wengen 3 und die Knaben Lauterbrunnen 2. Bei der Einzelwertung siegten Seline Wegmüller aus Wengen und Michael Huggler aus Lauterbrunnen. Zum Abschluss spendierte die Gemeinde Lauterbrunnen im Restaurant Allmend ein Zvieri, das von den jungen Rennfahrerinnen und Rennfahrern und den zahlreichen Helfern dankend entgegengenommen wurde.

Beat Bucher, Schulleiter Wengen

weitere Berichte über die Schule Wengen

Projekt Kochen: Junioren - Senioren
2006 kamen 2 ehemalige Schüler unserer Schule mit einem
Projektvorschlag: Kochen für Senioren. Im Rahmen einer
Arbeit an der Berufsschule für Köche, haben sich die zwei
Ehemaligen an ihre alte Schule erinnert, und nun
zusammen mit den aktuellen Realschülern ein viergängiges
Essen im Hotel Schönegg auf die Beine gestellt. Schön war
die Bereitschaft des Hoteliers René Berthod und seines
Chefkochs Hubert Maier.

Projekt Pro Cap
Anlässlich des Jungfraumarathons 2006 sammelte die
Schule Wengen für Pro Cap. Immerhin kamen über 200
Franken zusammen.

Zitate, Meinungen, Interviews Wengen

Kurt Graf, Architekt und ehemaliger Schüler der Schule Wengen 31.12.2005
„Die Schule Wengen muss als ganze Schule erhalten bleiben. Es geht nicht an, dass nach der Sekundarschule jetzt auch noch die Realschule geschlossen wird."

Tosca Hodel, Kindergärtnerin, Wengen 3.1.2006
„Als ich nach Wengen kam, war vom Kindergarten bis zur Sekundarschule alles hier. Es war wirklich ein vielfältiger Schulalltag. Auch im Lehrerzimmer waren durch die verschiedensten Lehrkräfte interessante Gespräche möglich, bis zu einer Art internen Lehrerfortbildung. Jede Klasse, die fehlt, hinterlässt eine Lücke."

Bissig, Samuel [und andere], 2005, schreibt im Buch: Alp-Träume : Wengener Alpkorporationen zwischen Alpwirtschaft, Tourismus und Naturschutz:
"Bereits SekundarschülerInnen sind seit 1996 gezwungen nach Lauterbrunnen in den Unterricht zu gehen. Ein Gymnasium befindet sich in Interlaken (Fritschi 2005: 24). Das anfängliche Pendeln jüngerer Leute während der Ausbildung kann in einer zweiten Phase zu einer Abwanderung führen."

Literaturverzeichnis

Bissig, Samuel: Alp-Träume : Wengener Alpkorporationen zwischen Alpwirtschaft, Tourismus und Naturschutz. Bern, 2005

Gertsch, Ernst: Der schönste Platz der Welt, Interlaken, 1997

Graf, Christian: Geschichte der Talschaft Lauterbrunnen II, Interlaken, 1988

Graf, Christian: Geschichte der Talschaft Lauterbrunnen III, Interlaken, 1989

Michel, Hans: Buch der Talschaft Lauterbrunnen,Wengen, unveränderter Nachdruck 1962

Rubi, Christian: Wengen, das Dorf ohne Strasse am Fusse der Jungfrau. Wengen, 1954

Wikipedia: Der Artikel über das Dorf Wengen basiert auf meiner eigenen Arbeit, die Hinzufügungen auf Wikipedia.org habe ich nicht zu verantworten.

Jungfrauzeitung: Die Artikel stammen von mir und sind bis anhin online abrufbar: jungfrauzeitung.ch

Fotos alle © by Beat Bucher

Schlusswort

Wenn die Schule Wengen in ihrer Gesamtheit weiterhin besteht, wird eine erweiterte Neuauflage dieses Büchleins die Fragezeichen und Verteidigungsteile entbehren können.

Die Kultur eines Dorfes steht und fällt mit der Anwesenheit von Kulturträgern, von Kulturschaffenden und von kulturellen Anregungen. Dies alles kann eine Dorfschule bieten. In Wengen wohnen die Lehrer im Dorf, verbringen ihre Freizeit, wenn auch nicht unbedingt ihre Ferien im Dorf, nehmen Teil an kulturellen Anlässen, schaffen kulturelle Anlässe und erarbeiten mit den Kindern Kulturtechniken und andere Voraussetzungen für eine lebendige Kultur.

Das Dorf ist klein (nur etwa 1100 Einwohner), aber es lebt noch. Was wachsen muss ist nicht die Zahl der Einwohner, sondern die Einsicht darin, dass wir nicht nur für die Touristen da sind, nicht nur für die Fremden Kultur machen, sondern auch für uns selber. Die Touristen sind wichtig, sie geben uns Brot und Arbeit. Um ein lebendiges Dorf zu sein, und ich denke mir, dass auch die Touristen ein lebendiges Dorf schätzen, braucht es neben de Arbeit auch noch ein Leben, ein Leben mit Kindern, mit Gesang, Bildern, Büchern, Theater und Vorträgen von Einheimischen für Einheimische und Fremde. Die Dorfschule kann und will dabei helfen.

Verzeichnis der Abbildungen

Anregungen, Korrekturen, Ergänzungen, nehme ich gerne über folgende Adresse entgegen:

bucherbeat@gmail.com